O
Antagonista

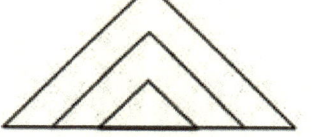

Leno Oliveira

O Antagonista

A jovialidade em sua mais pura essência

1º Edição

Rio de Janeiro

Davi Paulo – Publicação Independente

2019

Copyright©2019 by Leno Oliveira

Produção e Criação

**Leno Oliveira
Davi Paulo**

Publicação Independente

Clube de Autores

**Amazon KDP
ISBN: 9781706755173
Selo editorial: Independently published**

O Antagonista: A jovialidade em sua mais pura essência, Oliveira, Leno. Rio de Janeiro – Clube de Autores / Amazon KDP 2019 – 48 páginas. Impresso no Brasil.

O Antagonista

Dedico esse livro para mim mesmo,
Leno Oliveira.

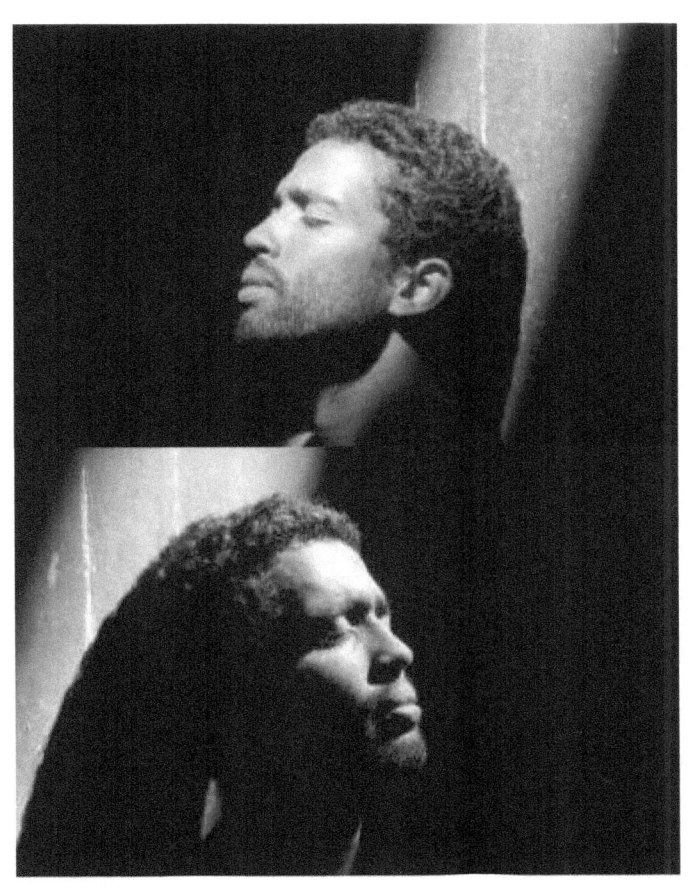

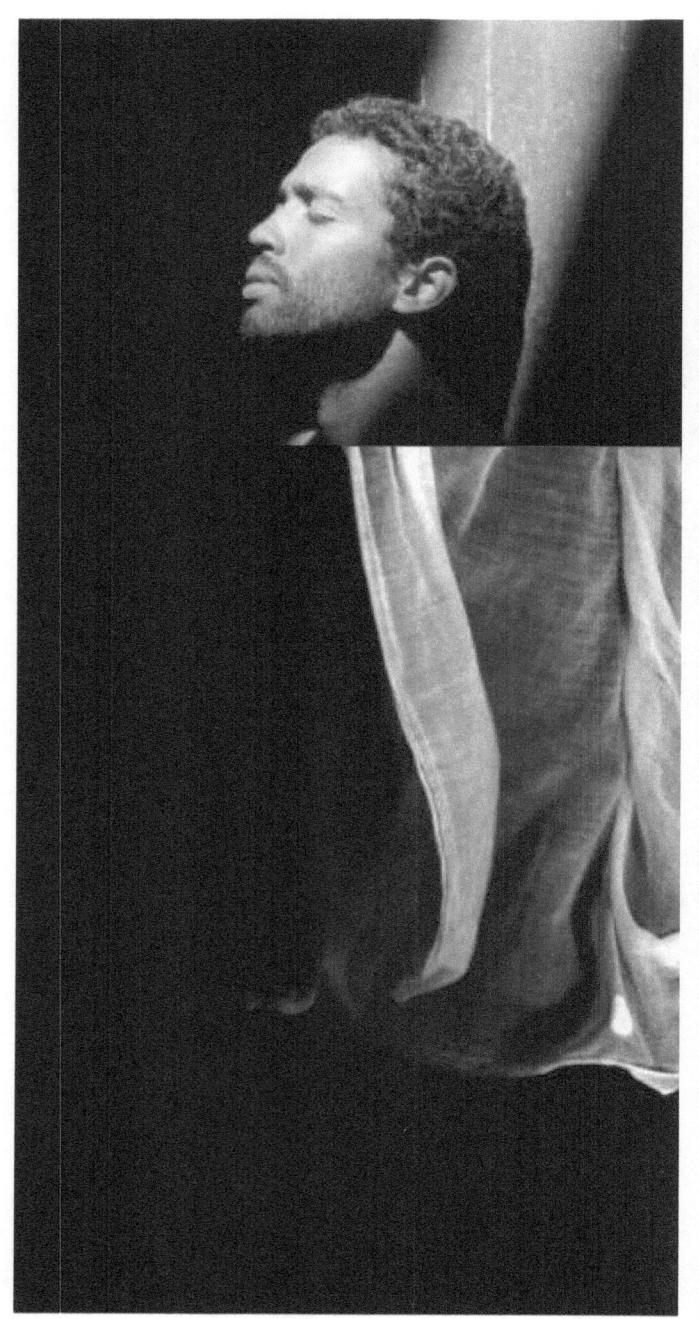

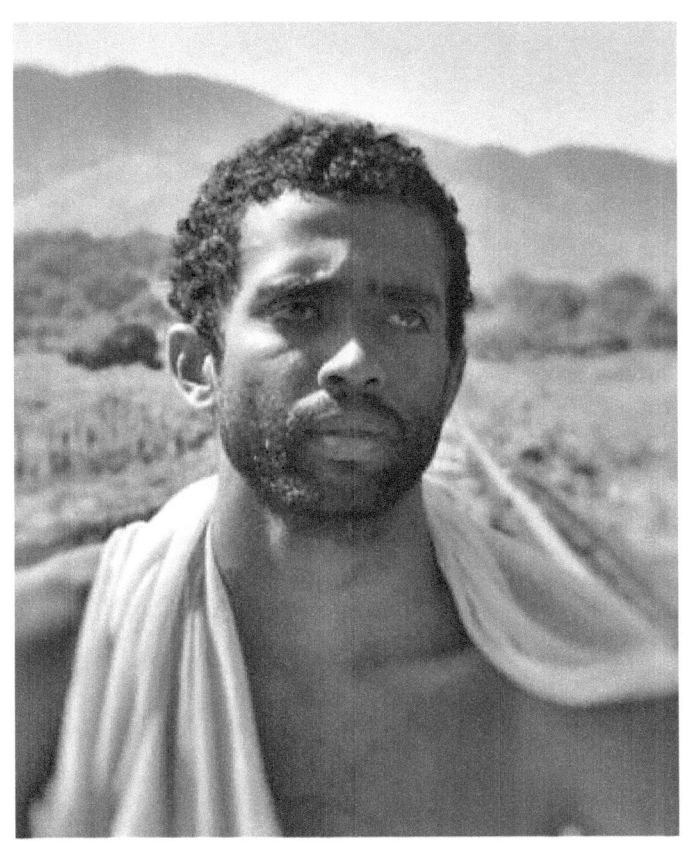

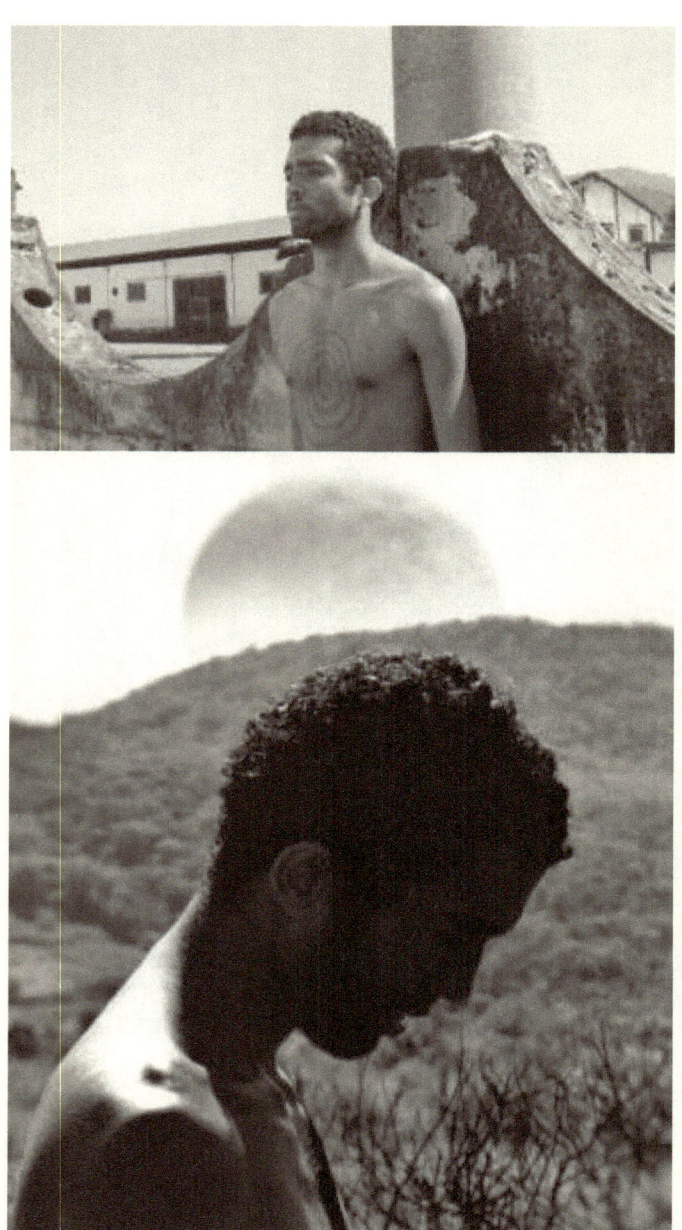

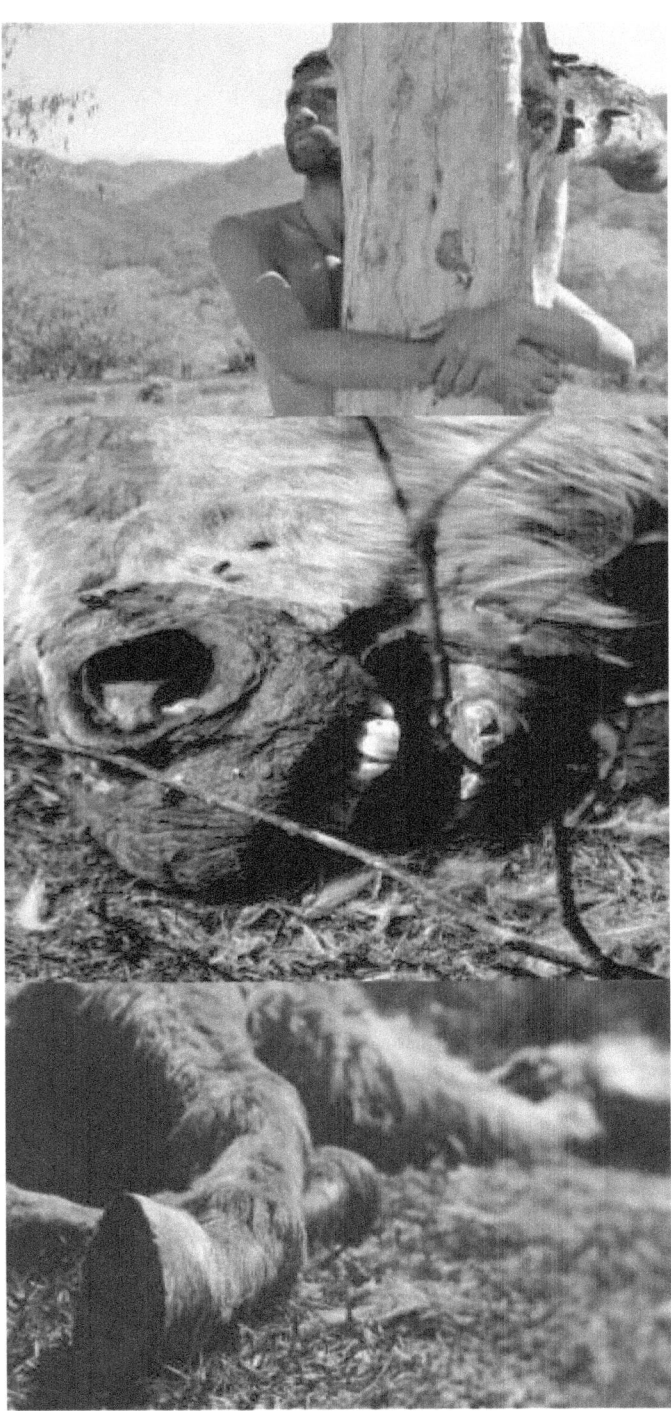

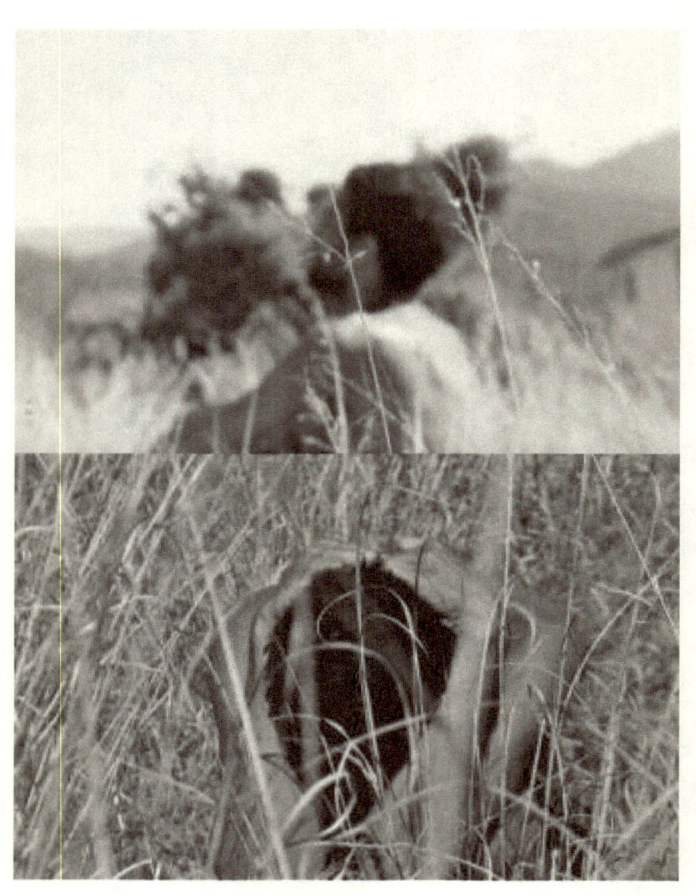

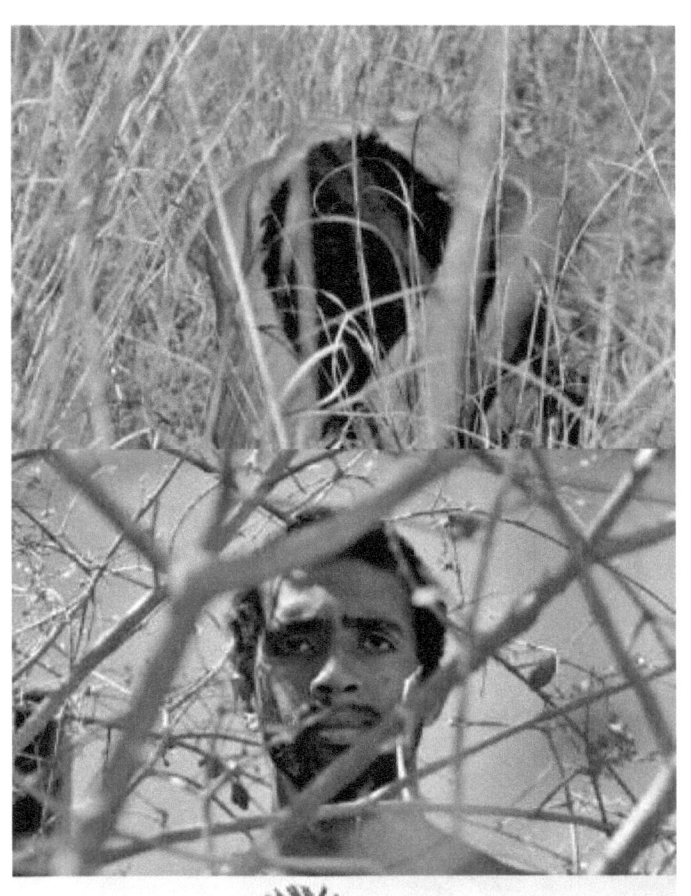
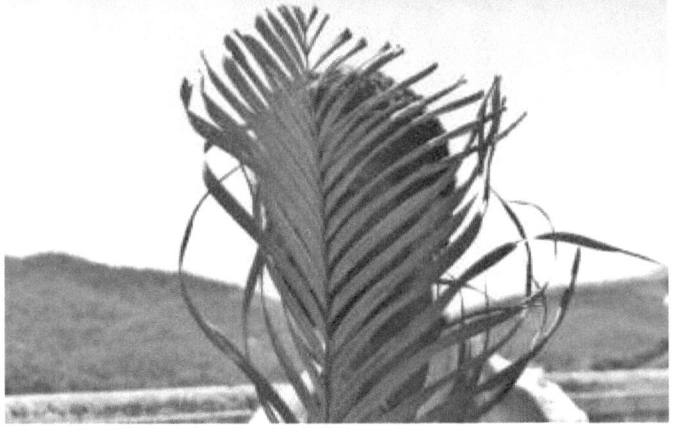

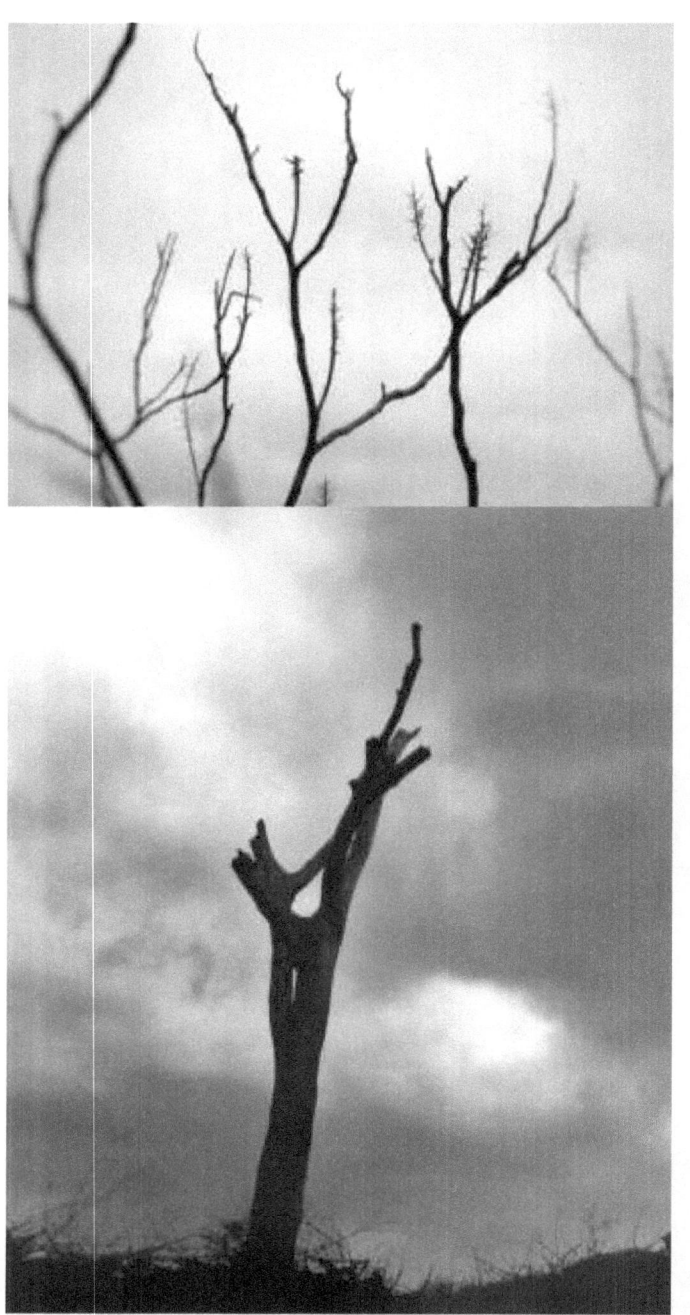

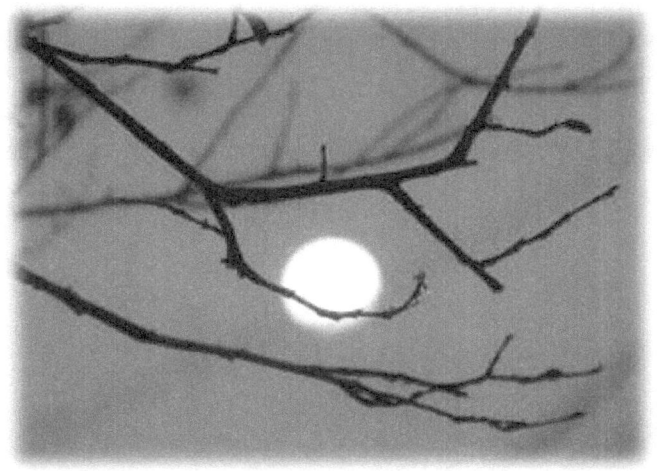

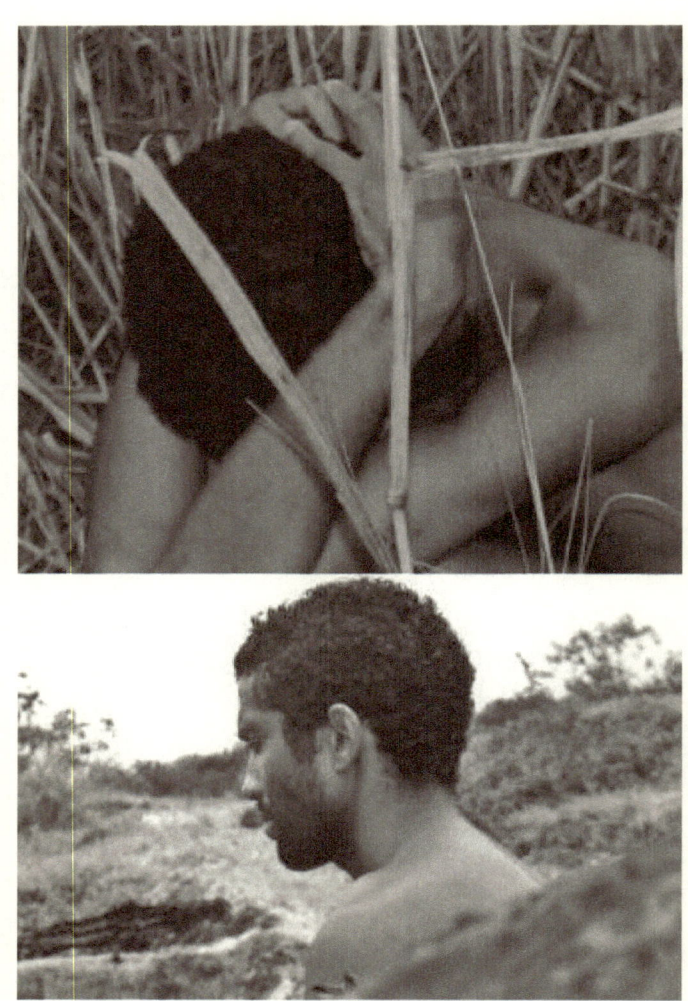

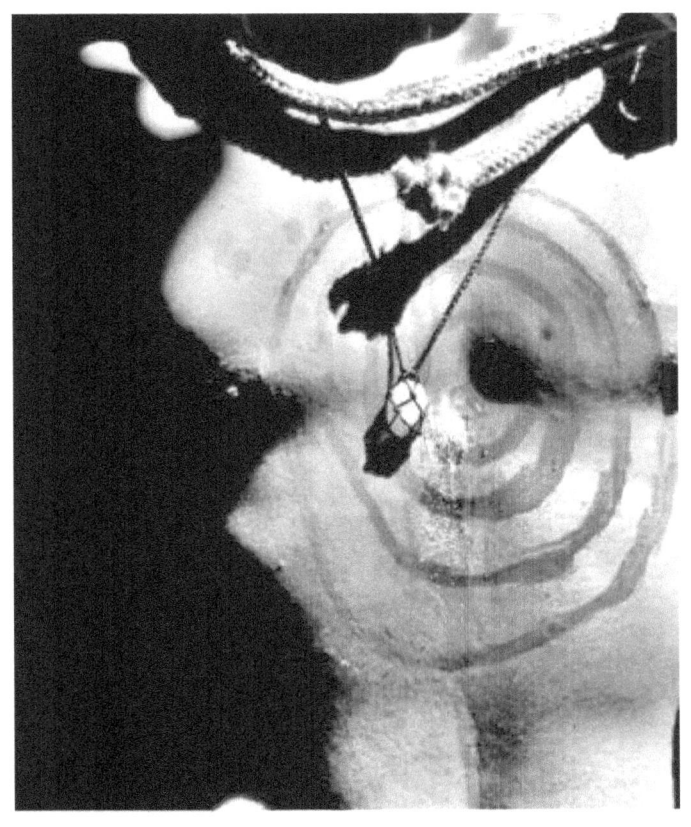

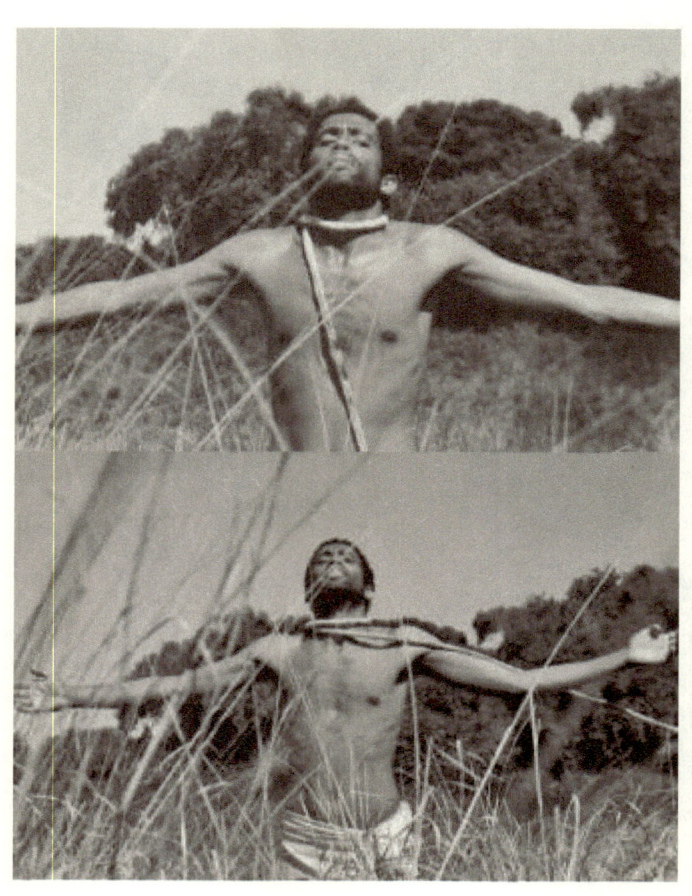

Dê-me as minhas amadas correntes.

Trancafie o meu espírito numa jaula e a lance num abismo sem fim.

Devore os meus olhos, por favor.

Deixe-me viver na beleza interminável das planícies ao Sul.

Deixe-me adorar a sombra na parede, deixe-me sonhar com elas.

Deixe-me perseguir o inalcançável, e por fim, sorrir com a doce lâmina que me rasgará do umbigo ao queixo.

Só... Por favor.

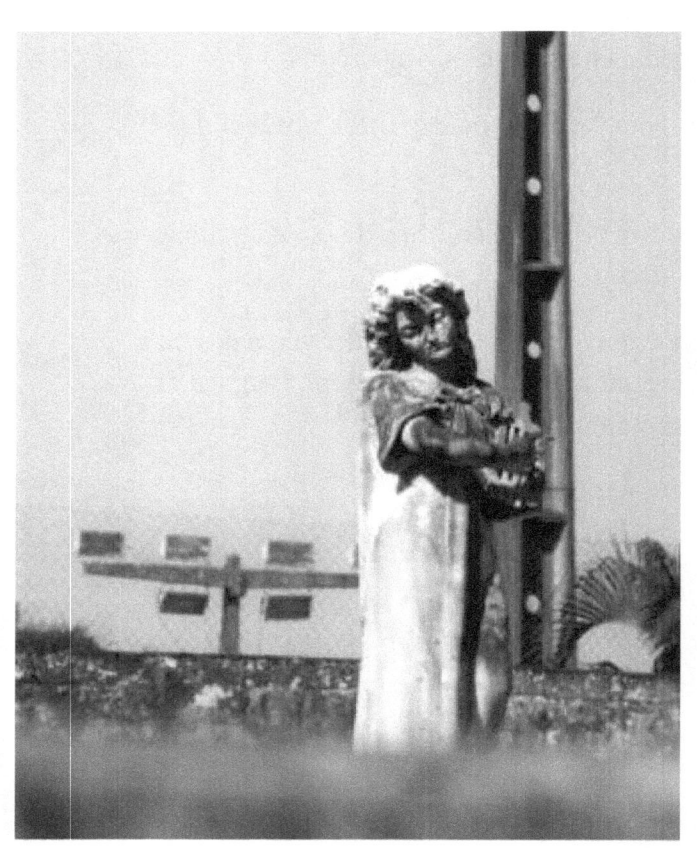

Do tempo.

No tempo em que vivo

Sou mais escravo do que

Jovem.

Sou mais sujo que limpo.

Mais amargo que meigo.

Mais triste que hilário.

Mais só do que poesia.

Eu sou a tristeza encarnada, o paletó da depressão moderna, o acúmulo anticontemporâneo, perigosamente nostálgico.

Na verdade não sou nada disso.

Mas aí é que está. Quem não é inventa que é, e quem é diz não fazer a menor ideia do que seja.

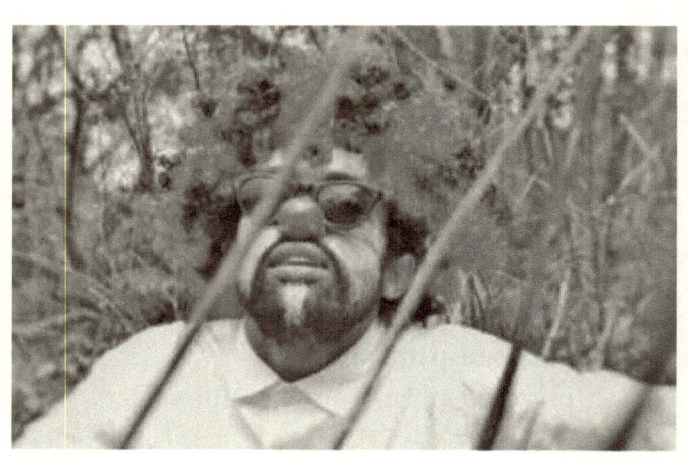

Carrego no peito um menino tristonho.

Magérrimo, feio.

Dentes tortos, orelhas pontudas; o cabelo um colapso total.

Nada artístico.

Ele chora quando estou sorrindo.

E ele ri quando sou eu o beberrão.

Somos quase melhores amigos.

Oh, ele me odeia com todas as forças.

Eu o amo enlouquecidamente.

Sem o menino tristonho quem seria eu?

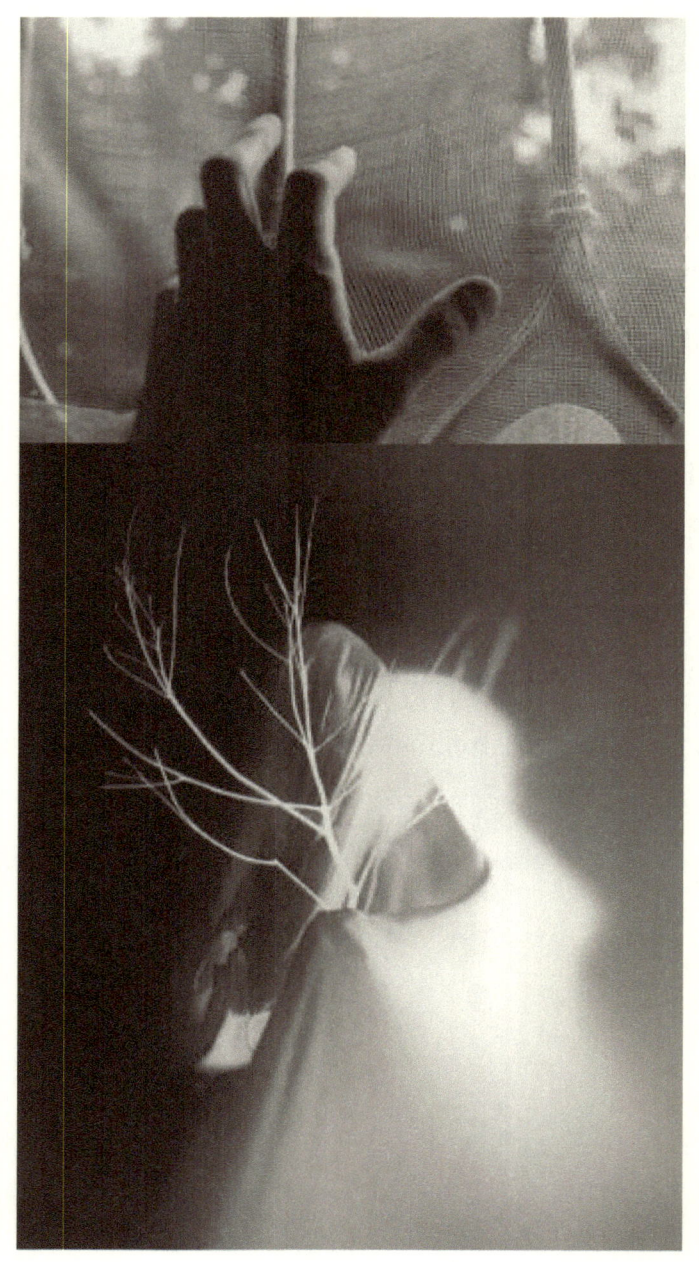

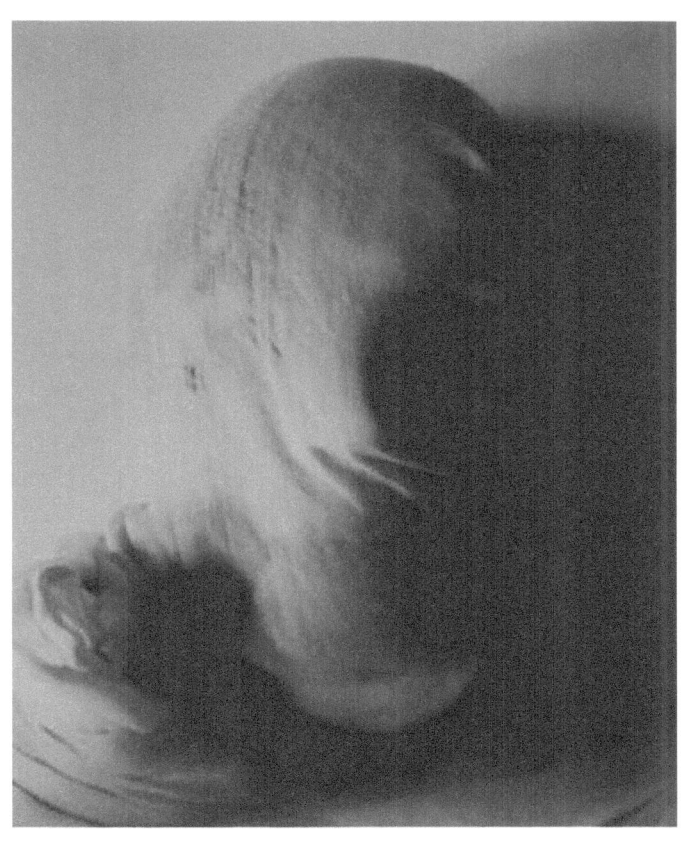

Eu sou o cavaleiro da arte quebrada, o galante da pátria partida, o herói do estandarte em branco, o caçador da besta amiga.

Eu sou um gênio enlouquecido, tão estúpido e pequeno quanto o mais pálido grão de arroz.

Um boçal desalmado, um poeta com nada a dizer a ninguém.

Eu sou como a noite que antecede o dia, proclamador da escuridão.

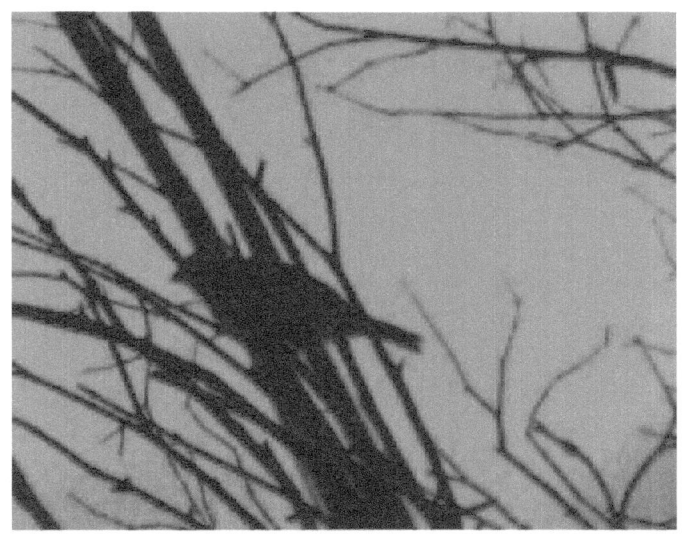

Sob o manto da escuridão profunda, respiras sem ar uma criatura disforme.
Sem rosto para revelar, sem voz para protestar.
Sua postura é curva, suas mãos são trêmulas, e a oração em sua mente há muito se embaralhou.
A vermelhidão nos olhos é a cicatriz de uma longa noite.
A vermelhidão na pele é a poesia escrita na alma.
Não há códigos ou conduta, a criatura é onde ela habita.
Sob o manto da escuridão profunda ela é o próprio desmaio.
Jamais a livrarão de si mesma e das sombras que ela carinhosamente adotou.
Jamais conhecerão suas ideias, suas ambições.
Seu desejo mais notável é o de sangue.
Sua postura é curva, e sua boca é fétida e honesta.
Sim, honesta.
De todos os males a criatura tem para si a pior das maldições...

...A franqueza.

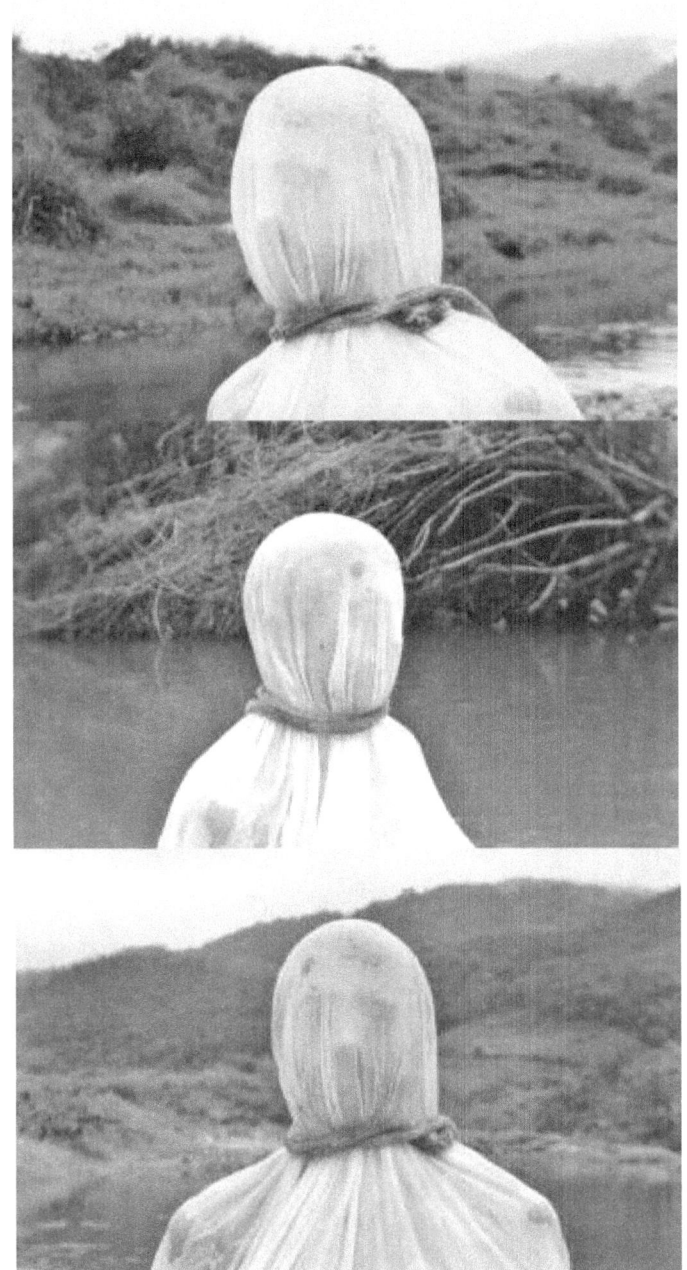

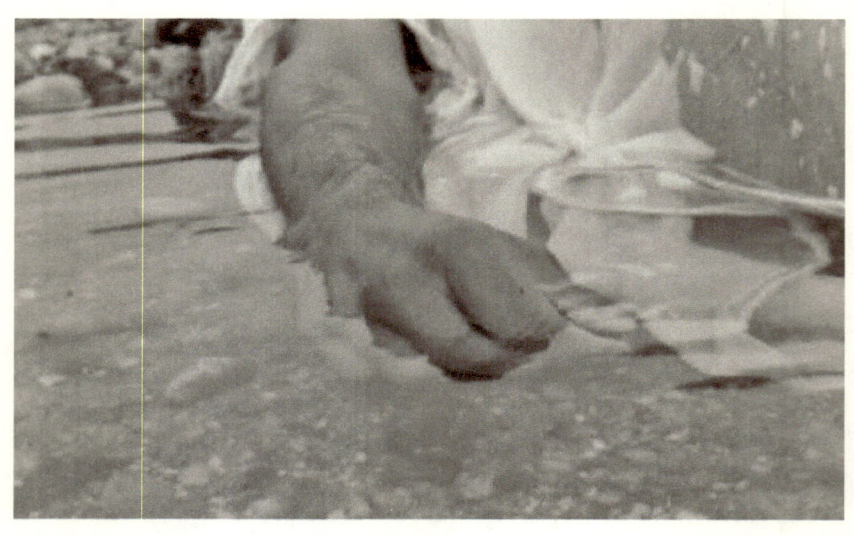

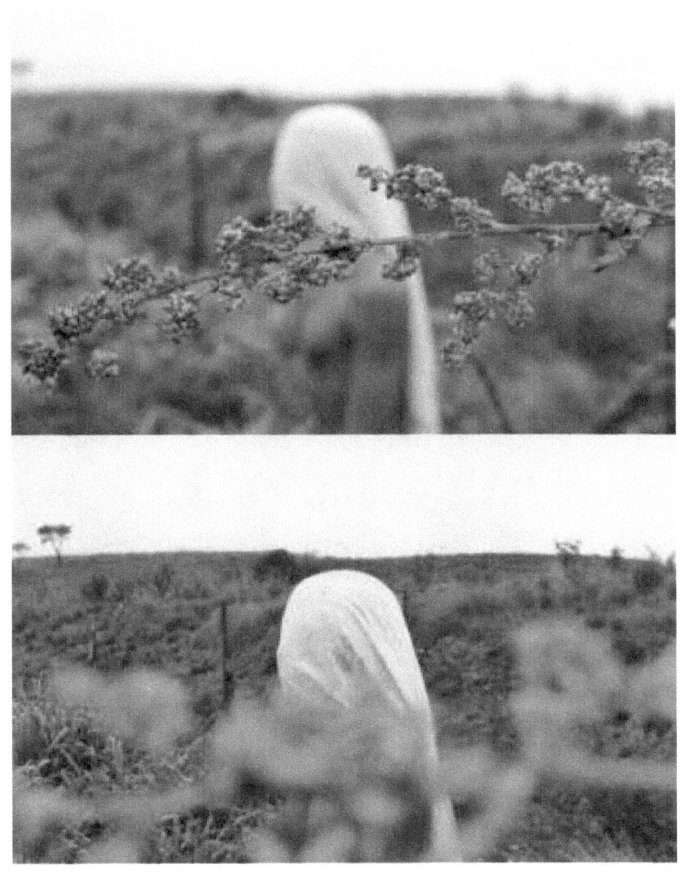

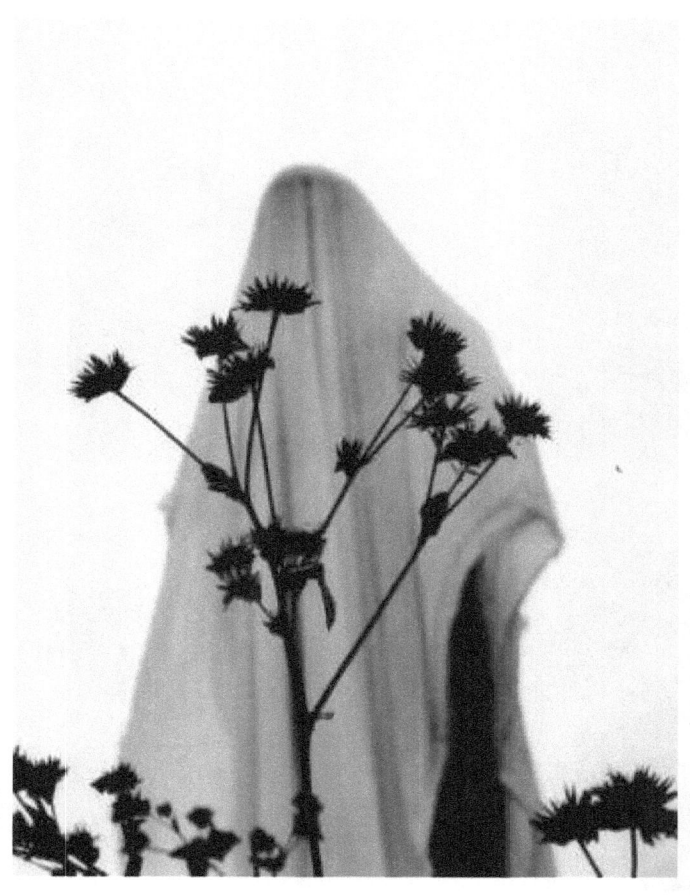

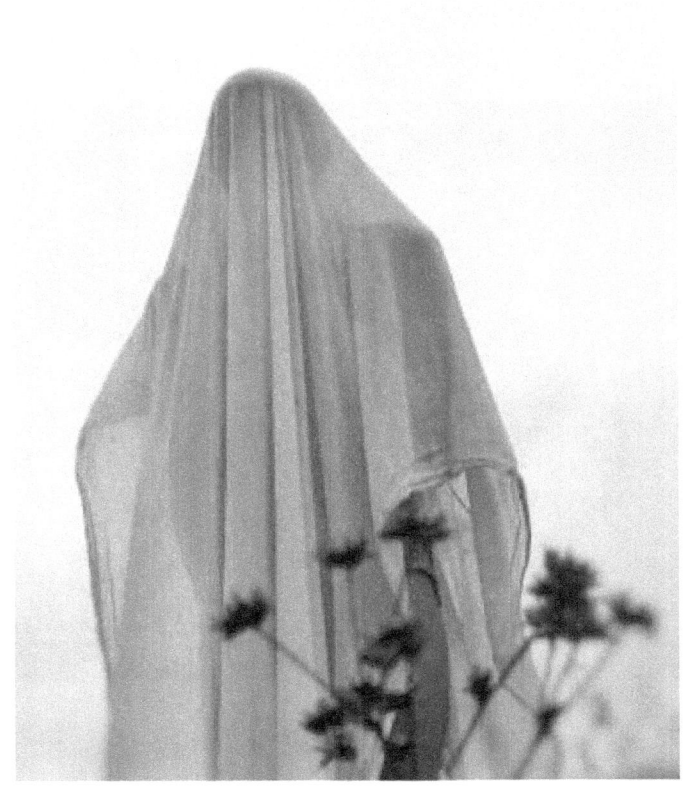

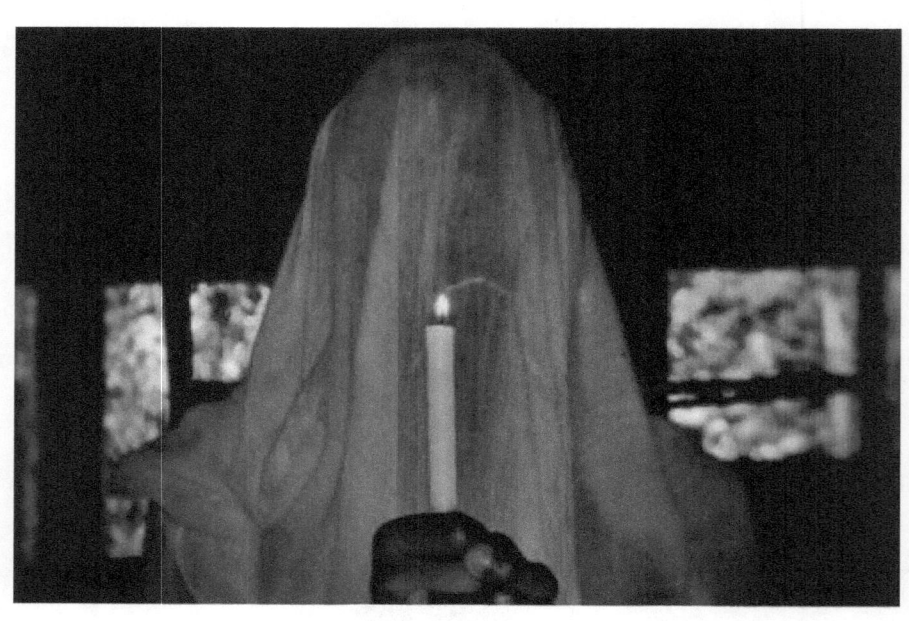

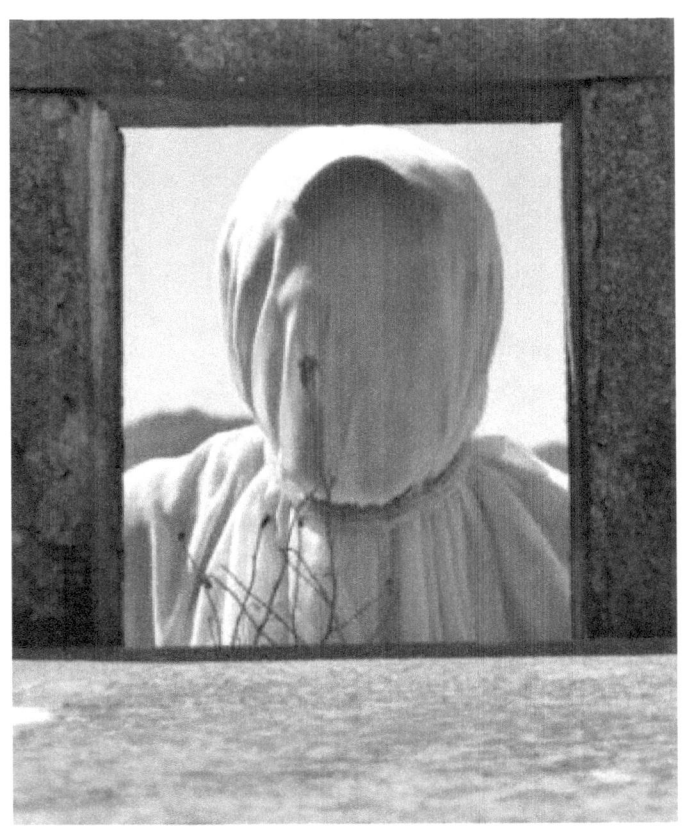

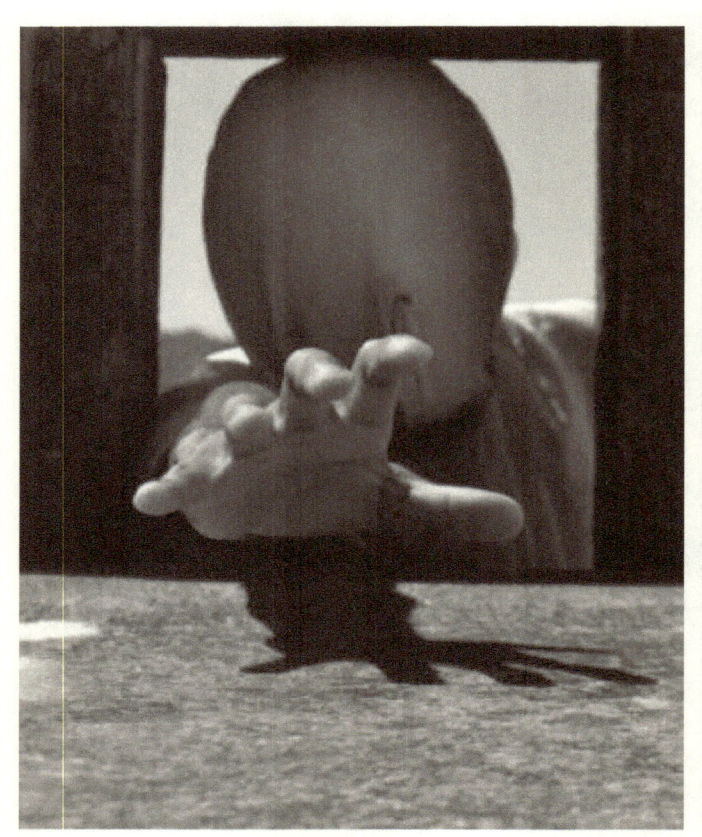

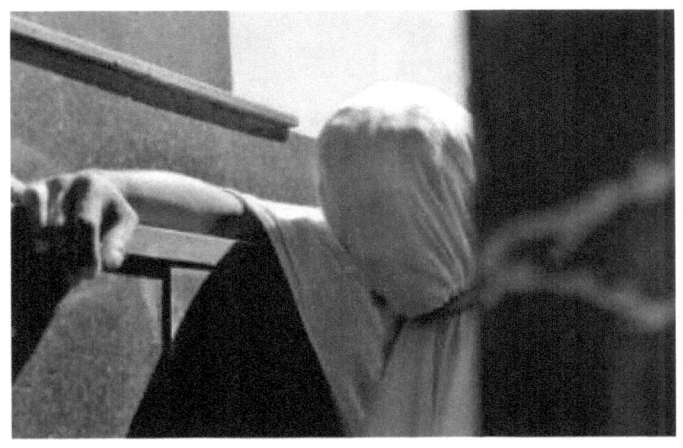

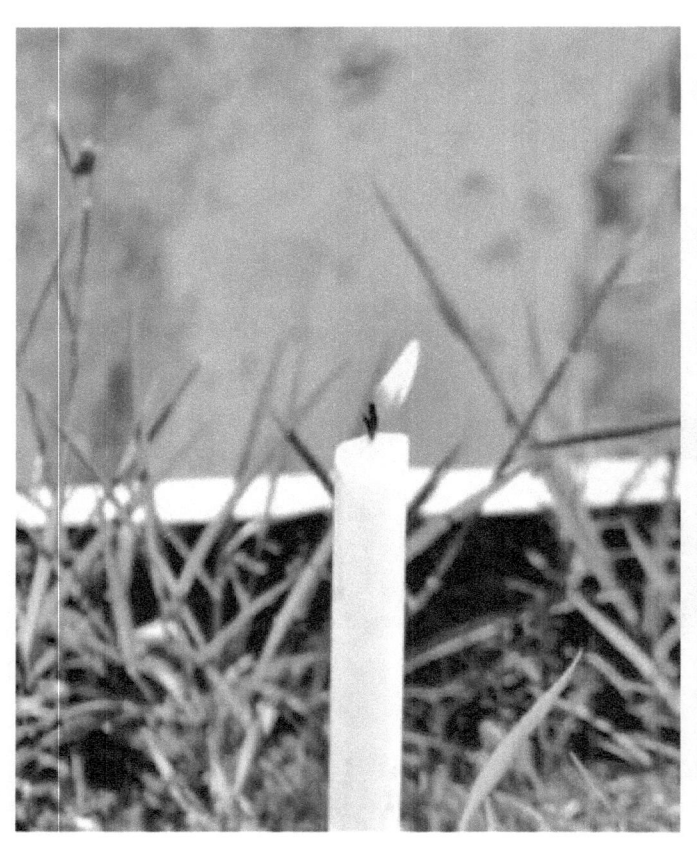

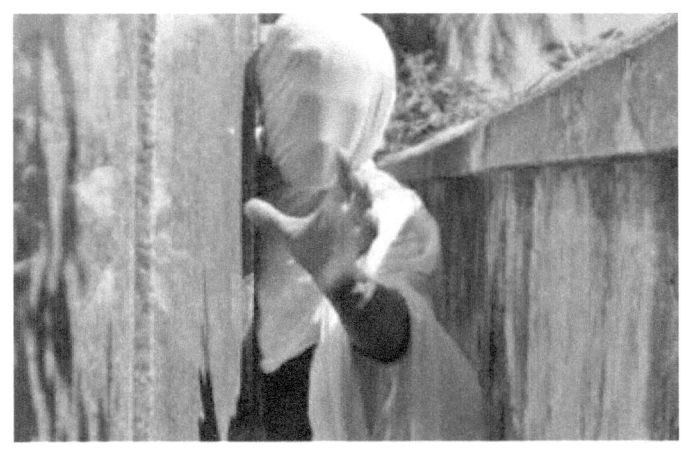

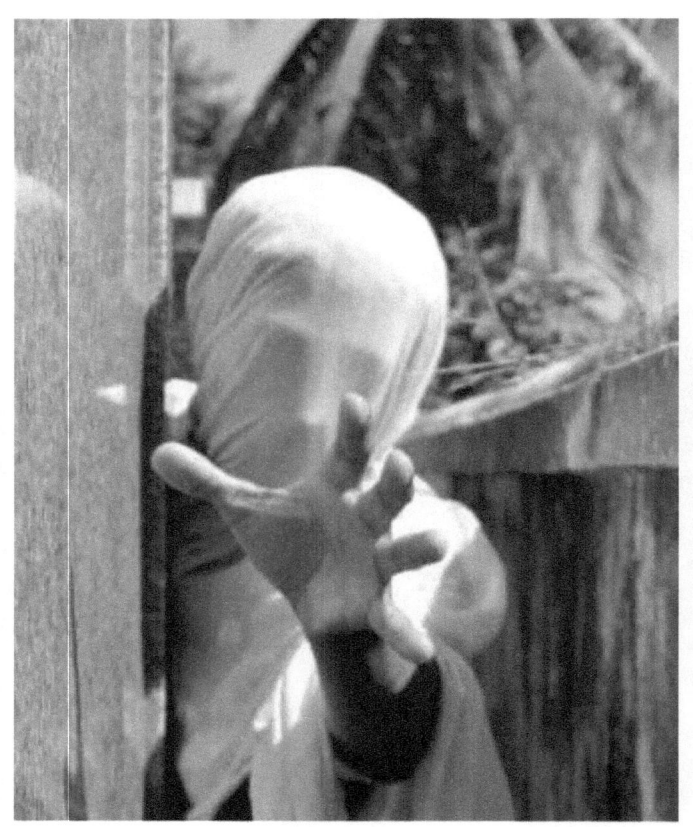

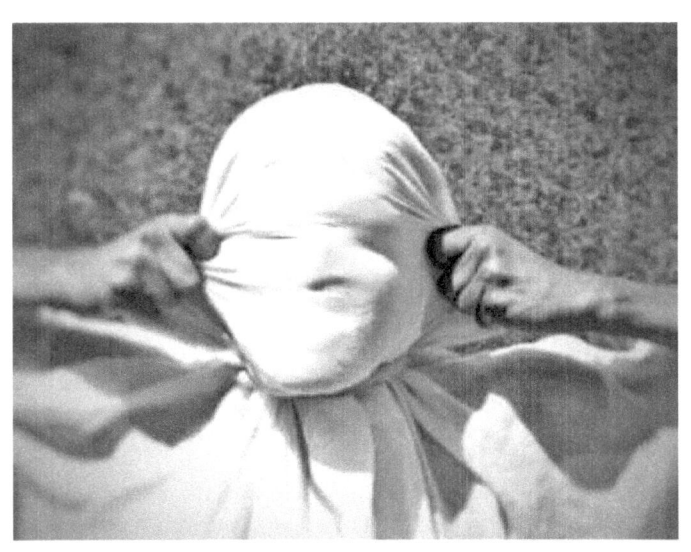

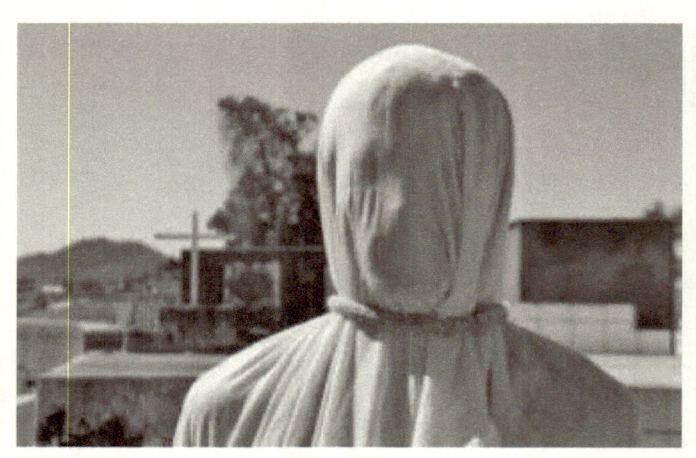

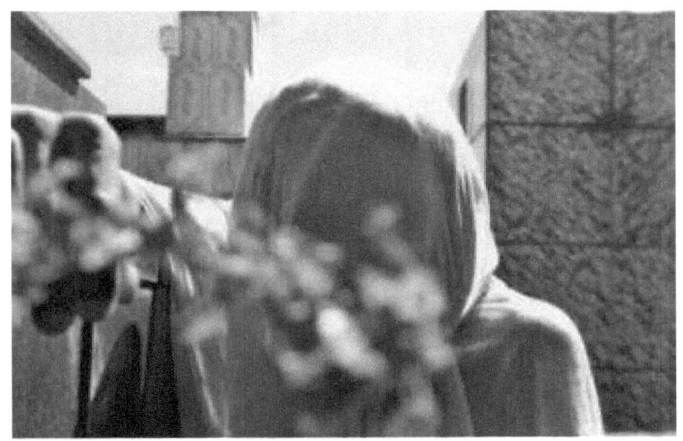

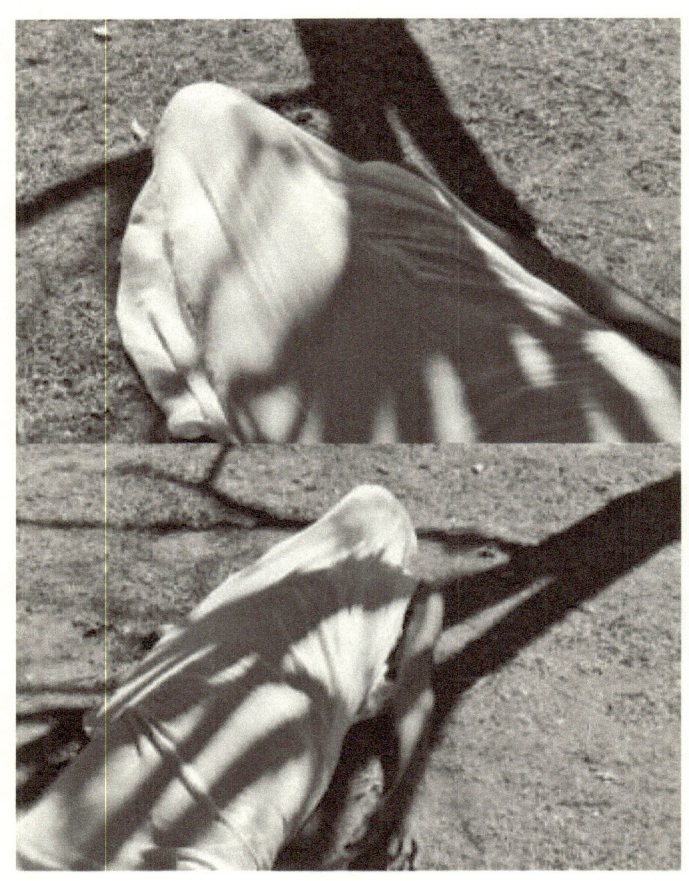

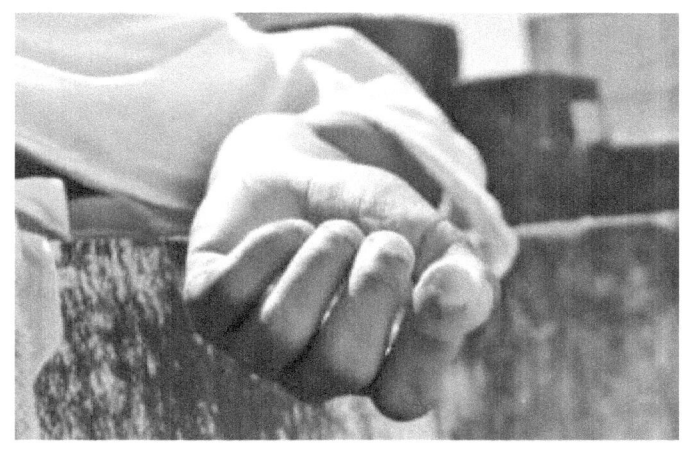

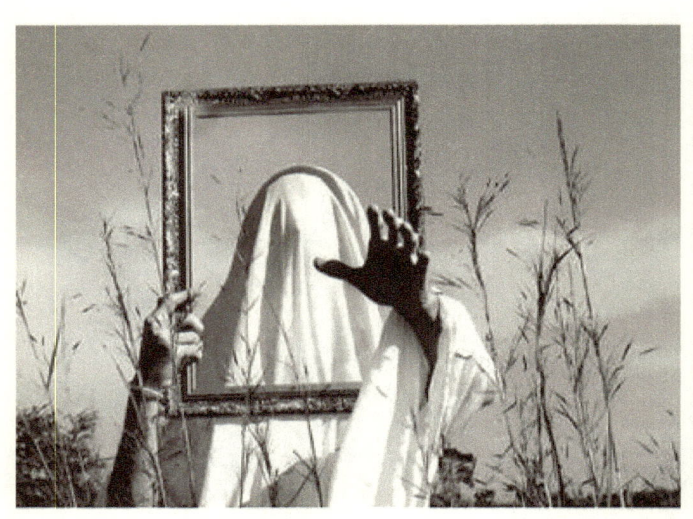

Sobre o Antagonista: O projeto Antagonista teve seu verdadeiro início no final de 2015, e foi inspirado no artista Christopher Mcallister, fotógrafo temático. Na época a ideia era fazer críticas sociais mescladas com um tema popular e com bastante apelo popular. Mas devido à falta de investimento o projeto foi esquecido, até ganhar seu retorno no meado de 2019, quatro anos depois.

I ideia em si é bastante simples, visto que trata-se de um projeto social e, portanto, sua visibilidade permearia as áreas mais simples e mais acessíveis da sociedade.

O antagonista funciona com uma exposição supersaturada, vinda direto das creepy pastas perdidas pela Internet afora, tratando o ódio, abandono e a própria irreverência do artista com contornos sombrios e surrealistas, tal qual é a base de inspiração para o mesmo.

Usando elementos estéticos já consagrados na arte (televisão, teatro e cinema) o Antagonista tem sua principal veia ligada a uma vibe de autocrítica, onde homem e artista enfrentam-se em sua própria mente; livre do preconceito, da automutilação e do sofrimento de ser quem ele inevitavelmente é.·.

Sobre o artista: Leno Cavalcanti de Oliveira - autointitulado Lenon, por motivos de que nem o próprio sabe - tem 23 anos, é morador de Tanguá e é um dos muitos apaixonados pela fotografia.

Leno jamais sequer pisou numa faculdade, não por qualquer tipo de dificuldade, mas sim pelas sua mais clara e autêntica falta de vontade (e isso não se aplica apenas à faculdade)

Certo ou errado, Leno jamais pensou ser bem-sucedido como fotógrafo, na verdade ele nem ao menos pensou ser bem-sucedido em área alguma. Anos depois, porém, a primeira oportunidade de expor sua arte surge na - já esperada - parceria com Davi Paulo, outro artista

Juntos, Leno e Davi puseram em prática o projeto artístico O Antagonista, que é o primeiro de muitos projetos ainda por vir.

www.ingramcontent.com/pod-product-compliance
Lightning Source LLC
Chambersburg PA
CBHW030536220526
45463CB00007B/2856